“ C’est quoi la mort ? ”

Collection « C'est quoi »
dirigée par Lise Boëll et Alexandre Wickham

Philippe Séguin
« C'est quoi la politique ? »

Professeur Léon Schwartzenberg
« C'est quoi le sida ? »

Abbé Pierre

“ C’est quoi la mort ? ”

Albin Michel

22, rue Huyghens 75014

ISBN : 2-226-11010-0

« La vie c'est un peu de temps donné
à des Libertés pour - si tu veux -
apprendre à aimer »

Préface

J'ai l'âge, pour ceux qui ont le bonheur de les avoir encore, de vos arrière-grands-parents. En effet, je suis né presque au début du siècle en 1912, c'est-à-dire il y a 87 ans. Mes parents habitaient Lyon et nous étions plusieurs frères et sœurs. Je suis le cinquième de huit enfants. J'ai connu beaucoup de joie dans mon enfance. Comme tous les enfants, je suis allé à l'école et, comme eux, je me suis posé des questions sur le sens de la vie et de la mort. Mes parents qui étaient chrétiens m'ont parlé de Dieu, mais surtout, par leur manière de vivre, m'ont montré qu'Il était proche de nous. Aussi, j'ai voulu un jour devenir religieux. Pendant sept ans, j'ai vécu la plupart de mon temps dans la prière. Ensuite, pour des raisons de santé, je suis devenu prêtre. C'était la période de la guerre de 39-45. Ce furent des événements douloureux où je dus prendre des risques pour secourir des malheureux.

Après la guerre, on me demanda de devenir député. C'est à cette époque qu'est né « Emmaüs », ce mouvement au service des plus souffrants. Tout a commencé par la rencontre d'un curé devenu député par accident et d'un suicidé raté qui venait de faire vingt ans de prison. Georges et moi venions de fonder la première communauté Emmaüs.

Cette aventure, qui dure depuis cinquante ans, permet à Emmaüs d'être présent dans de nombreux pays du monde. Ce sont toutes ces années de joie, mêlée à beaucoup de soucis, de révoltes et de souffrances qui m'ont appris quelques vérités essentielles qu'il m'est possible de partager, notamment avec les enfants. Pendant toutes ces années, j'ai toujours pris beaucoup de temps pour accueillir dans le silence et dans la prière la voix de Dieu au fond de mon cœur.

Je crois que cette longue route qui fût la mienne m'autorise aujourd'hui à répondre le plus simplement du monde à cette grande question qui m'est posée : « C'est quoi la mort ? »

Abbé Pierre.

- Comme toi, à ton âge je me suis posé beaucoup de questions sur la mort. C'est une longue histoire. Parler de la mort, c'est aussi parler de la vie. Il suffit d'ouvrir grands ses yeux pour voir la vie de toutes parts. Tu sais, depuis toujours j'ai aimé regarder la nature et très souvent, la nuit, je me levais pour admirer le ciel et les étoiles. J'ai photographié le ciel de très nombreuses fois et pas simplement en France, mais aussi dans d'autres pays du monde. Une aventure riche d'enseignement. Vois-tu, quand on observe aussi longuement le ciel, c'est une façon de voir la vie, de la sentir. Mais c'est vrai aussi lorsqu'on regarde un petit enfant qui vient au monde. Quelle merveille ! Toute cette vie qui grandit, qui se développe, un jour s'en va... C'est comme ça. C'est un cycle naturel où la vie et la mort sont liées. Bien que tu sois encore jeune, tu as sûrement pu te rendre compte, à travers le monde qui t'entoure, que la mort avait plusieurs visages. Certaines personnes meurent accidentellement, d'autres à cause de violences, de guerres, de famines, de maladies ou tout simplement de vieillesse, comme une bougie s'éteint consumée par le temps. C'est ainsi que la mort n'est que le prolongement de la vie.

- Et ça veut dire quoi le mot « mort » ?

- Cela vient du latin, « mortus » qui signifie

mourir, quitter la vie, s'en aller, disparaître aux yeux de ceux que l'on aime. Pour moi, la mort n'est pas vraiment une séparation, mais une continuation. Ce n'est pas une fin, mais un renouveau. C'est comme sortir de l'ombre pour entrer dans la lumière…

- De quelle lumière veux-tu parler ?

- Je crois qu'il existe une grande Puissance, pleine de bonté, qui sait où vont les choses. Les croyants l'appellent Dieu. Moi, je n'emploie jamais ce mot seul. Je préfère parler de « Dieu-Amour ». Amour, parce que c'est avant tout un don que l'on offre aux autres. Toute la différence est là. C'est ainsi que Dieu prend tout son sens. Dieu, source de vie, est Amour. Tu vas comprendre. As-tu déjà été au bord d'un ruisseau ?

- Oui, en classe de nature, on a même essayé de pêcher !

- C'est bien. Tu as pu t'émerveiller des bienfaits de la nature. Ne trouves-tu pas intéressant de savoir d'où vient l'eau du ruisseau ? Pour le savoir, il faut suivre son cours pour remonter jusqu'à sa source. Tu es d'accord avec moi, sans la source, le ruisseau ne pourrait exister et t'offrir une belle eau claire. Et bien pour nous, croyants, la vie vient d'une source intarissable qu'est l'Amour. Sans ce don de Dieu, notre vie serait triste, comme vide, privée de lumière. C'est Dieu-Amour qui donne la vie et qui nous accueille au moment de notre mort.

- Peut-on deviner à quel moment Dieu va nous accueillir auprès de lui ?

- Pendant la Seconde Guerre mondiale, tu n'étais pas encore né, lorsqu'il fallait sauver des hommes en danger de mort, j'ai dû passer des cols remplis de neige à plus de 2 000 mètres d'altitude. Il me fallait lutter sans cesse contre les forces de la nature. Plus que jamais, chacun de nous était animé d'une volonté de survie. Je sentais la vie en moi. Rien ne pouvait m'arrêter. Aujourd'hui, devenu très vieux, la vie me quitte peu à peu. Mes forces ont diminué et je porte le poids de mes nombreuses années de vie. C'est ainsi, le temps a marqué mon corps et mon esprit de son empreinte. Toutes ces raisons me laissent penser que Dieu-Amour est bientôt prêt à m'accueillir. Mais rassure-toi, j'en suis heureux car bientôt je pourrai aller rejoindre en toute sérénité Dieu-Amour.

- Il faut donc attendre d'être vieux pour comprendre la mort ?

- Non, la vieillesse n'est pas le seul moment où il est possible de la sentir. Depuis mon enfance et durant même ma jeunesse, j'ai souvent été fragile et parfois très malade. Dans la période difficile des débuts d'Emmaüs, on a même cru que c'était fini pour moi et que je ne pourrais plus rien faire. C'est dans ces moments-là que l'on sent que la vie est en train de nous quitter. Poutant, j'étais jeune et j'avais la vie devant moi. C'est difficile à expliquer. Mais peut-être y a-t-il une utilité à ce que je te donne non pas simplement un récit mais surtout quelques explications sur ce que l'on ressent dans son âme lorsqu'on se trouve face à la mort. Certes, une telle approche consciente de la mort comporte une dimension extraordinaire. Et c'est surtout cela que je voudrais parvenir à te transmettre. Si tu le veux bien, écoute le récit de cette aventure de l'année 1963. Beaucoup de souvenirs se mêlent dans ma tête. C'est une longue histoire, une très longue histoire. Tout a commencé dans une petite maison située à Chaclacayo, au Pérou en Amérique du Sud. C'était un petit village situé dans la montagne à une vingtaine de kilomètres de Lima, capitale du Pérou. À l'époque, l'Europe avait été bouleversée par un drame survenu entre l'Uruguay et l'Argentine. De nombreux passagers avaient péri dans un naufrage. J'étais moi-même à bord de ce bateau…

- Si tu étais à bord du bateau, comment as-tu survécu ?

- Attends, tu vas comprendre. J'avais passé toute la journée du 10 juillet à Las Flores, à une centaine de kilomètres de Montevideo, en Uruguay. Là-bas, la vie est très dure, surtout pendant l'été. Car l'Amérique du Sud est située dans l'hémisphère sud, et les saisons sont inversées par rapport à la France. Pendant nos mois d'été, chez eux c'est un véritable hiver qui frappe le pays, où le froid, la pluie, et parfois même la neige rendent le climat glacial. Pour toutes ces raisons, nous avions décidé d'agir au plus vite pour sauver les plus démunis. Pour nous aider, un ami israélite avait fait don à Emmaüs d'un assez vaste terrain situé à quatre kilomètres de la mer, non loin de Las

Flores. Immédiatement, on avait commencé à organiser très modestement, avec une baraque faite en tôles, un refuge pour les enfants des quartiers les plus malheureux de Montevideo. Il y avait là un camp dirigé par le père Sierra, le fondateur d'Emmaüs en Uruguay, regroupant une quinzaine de garçons, membres eux aussi d'Emmaüs, et des jeunes des quartiers misérables. C'étaient tous des volontaires et surtout des amis. Cela avait été pour moi une journée de joie merveilleuse parce que tous travaillaient dans un esprit de solidarité, cher à Emmaüs. Pauvres et étudiants avançaient ensemble, main dans la main. On voit bien comment, lorsque les plus démunis ont la possibilité de travailler, ils se montrent capables d'être vaillants et courageux. Et quand, comme c'était le cas à l'époque, on ne leur dit pas juste « fais cela » mais « faisons cela ensemble », les choses progressent.

- Alors Emmaüs, c'est ça ? Travailler tous ensemble pour aider les plus pauvres !

- Oui, c'est là toute l'expérience que nous vivons depuis cinquante ans. Aujourd'hui, cette solidarité est présente partout dans le monde, à travers les réalisations d'Emmaüs.

- Mais que s'est-il passé ? Pourquoi ton histoire est liée à la mort ?

- Tu vas comprendre. J'avoue, je suis un peu long, mais je ne suis plus aussi jeune que toi et j'ai besoin d'un peu de temps pour rassembler mes souvenirs. Donc, l'après-midi, j'avais dû les quitter assez tôt pour prendre un avion à destination de Buenos-Aires, en Argentine, où m'attendait un programme de grands travaux engagé par Emmaüs. Un épais brouillard empêchait les avions de décoller. Il fallait absolument trouver un autre moyen de transport. À défaut d'y parvenir par les airs, nous avons donc utilisé les eaux ! Regarde la carte,

Montevideo est une ville qui se trouve au bord nord de l'estuaire d'un ensemble de fleuves immenses comme Rio Paraguay, Rio Parana, etc. Tous drainent des eaux venant de très très loin, du Paraguay, du Brésil, de la Bolivie.

- *Attends un peu, je ne sais pas ce qu'est un estuaire ?*

- C'est la partie finale d'un fleuve souvent sensible aux marées. En l'occurence, celui dont nous parlons est immense et dépasse les 250 kilomètres de long.

- *Ah ! je sais où tu veux en venir. Le bateau, c'est celui de la catastrophe de tout à l'heure, non ?*

- Tu es malin, encore un peu de patience, nous allons y venir. Je m'apprêtais donc à prendre un bateau. Ces 250 kilomètres étaient parcourus régulièrement chaque nuit par des bateaux fluviaux et il n'y avait jamais eu d'accident. Je disposais de quelques heures avant l'embarquement pour aller saluer un ami de longue date, le père Ramelot, au couvent des Pères Dominicains. Là, je trouvais également un autre prêtre français, l'abbé Audinet, venu donner des cours de catéchisme. Il devait, lui aussi, être le lendemain à Buenos-Aires. Comme moi, il s'était résolu à prendre le bateau dont l'embarquement était fixé à 9 heures du soir. Nous avons donc décidé de voyager ensemble. En raison de l'annulation des vols, les gens se précipitaient vers d'autres moyens de transport et notamment les bateaux. L'embarquement fut donc très difficile. Les gens se bagarraient devant la passerelle pour obtenir des billets. Si ma mémoire ne me fait pas défaut, je me souviens que ce genre de bateau fluvial pouvait supporter environ 350 couchettes, et accueillir dans ses salons 50 ou 60 passagers. Par la suite, il a été prouvé que ce surnombre de passagers n'avait eu aucune incidence sur la sécurité du bateau. Dans l'attente du départ, comme l'abbé Audinet parlait espagnol, je lui ai remis mon passeport et tous mes documents, pour qu'il tente de trouver une couchette. Après notre départ, pendant environ une heure, le bateau a suivi une navigation agitée à cause des bancs de sable sur le fleuve. Pendant ce temps, dans la foule, beaucoup de personnes m'avaient reconnu, et souhaitaient me parler. Tu sais, dans ce genre de voyages généralement très longs, on s'organise pour « tuer le temps » comme on dit…

- Justement, cette expression que les adultes utilisent, « tuer le temps », ça veut dire quoi ?

- Si tu préféres, c'est trouver des activités pour faire passer le temps. De cette façon, le temps passe plus vite et on ne s'ennuie pas. Mais étant très fatigué de tous nos périples, je n'avais pas besoin de tuer le temps, et je pris donc congé de tout le monde. Une fois dans ma cabine, je n'ai cependant pas résisté au désir d'aller seul faire un tour sur le bateau. Finalement épuisé par cette longue journée, je finis par aller me coucher. C'est vers 4 heures du matin que l'abbé Audinet vint cogner à ma porte. Le bateau était immobilisé au milieu du fleuve, nous devions sortir sur le pont…

- C'est incroyable ton histoire ! On dirait le Titanic, mais en vrai !

- Mais tu sais, ce terrible naufrage du Titanic a réellement existé ! Il nous fallait donc rejoindre les passagers sur le pont. Sous mon lit, se trouvait un gilet de sauvetage. En fait de gilet, il s'agissait de quatre blocs de liège reliés par une toile et munis de cordes pour les nouer. C'est important de le dire pour la suite des événements, mais pas un seul passager, malgré leur surnombre, n'a été sans gilet de sauvetage. La clef de ce drame, c'est que personne ne donnait d'instructions sur la manière de bien placer ces gilets. Beaucoup ont péri parce que les gilets avaient été mal placés. Et surtout les enfants dont le poids du corps ne faisait pas suffisamment de lest pour rétablir la verticale. Cette insuffisance de directives fut tragique. Moi-même, j'avais placé mon gilet à l'envers...

- *Mais alors, comment as-tu survécu ?*

- C'est incroyable, mais c'est ma soutane qui m'a sauvé la vie. Le poids de mes vêtements mouillés a lesté davantage mon corps et a évité que mon visage ne soit plongé dans l'eau. J'ai ainsi évité la noyade. Tu vois, le Bon Dieu n'a pas souhaité que je meure.

- *T'as quand même frôlé la mort ?*

- Je l'ai approchée. Juste avant de perdre connaissance, j'ai échangé quelques paroles avec l'abbé Audinet qui resteront à jamais marquées en ma mémoire. À mesure que je prenais conscience de la gravité de la situation, je m'interrogeais sur cette immense souffrance. Pourquoi ? Pourquoi tant de souffrances tombant sur des personnes innocentes. Dans quelle mesure Dieu pouvait-il donner un sens à tout ça ? Et, tu sais, bien souvent c'est dans ces moments-là que tout s'éclaire.

- Alors pourquoi Dieu avait-il décidé tant de souffrances ?

- Dieu-Amour ne veut pas la souffrance. Jésus nous a appris à donner notre vie pour soulager les plus malheureux.

- Quand tu étais dans l'eau, as-tu pensé que tu allais mourir ?

- Cela a dû me traverser l'esprit, mais très vite j'y ai renoncé. Plus que jamais, la vie était présente. Je me mis à l'eau pour rejoindre un petit groupe de rescapés. J'eus l'impression que jamais je ne réussirais à les atteindre. Mais, je fus poussé par un besoin profond de ne pas être seul. Dans cette catastrophe, une extraordinaire solidarité s'est mise en place. C'était très beau ! Je ressentais cette certitude qu'une grande puissance pleine de bonté était là. C'est exactement dans cette union, en communiant avec mes frères et en tentant d'agir pour les sauver, que j'ai approché Dieu. Un détail qui te paraîtra invraisemblable, et qui pourtant a son importance, me revient. Dans ce groupe d'hommes jetés à l'eau, il y avait un Français d'une trentaine d'années qui, éclatant de rire, se mit à crier : « Vive la France ! » Et alors que nous étions huit pauvres têtes sortant de l'eau, entraînés autour de cette caisse vers l'Atlantique, le bateau loin derrière, voilà qu'il entonne la Marseillaise…

- *(rires) Mais pourquoi ?*

- Pour nous faire partager sa force, nous redonner espoir et ensemble lutter pour vaincre nos doutes. Ainsi, tous unis, nous pouvions croire en l'espoir de s'en sortir. La vie était plus forte que la mort.

- *Et comment as-tu été sauvé ?*

- Je me suis retrouvé en vie, nu comme un nouveau-né, sur un matelas, dans le poste d'équipage de l'escorteur de guerre sur lequel on m'avait repêché. Pardon de raconter cela, mais c'est ce qui me fut expliqué quelques jours après. Quand on m'a hissé à bord, on m'a placé avec les morts. Eh oui, on me crut mort. C'est un peu plus tard que quelqu'un a crié : « Mais celui-ci vit ! » À quel signe a-t-on reconnu que j'étais en vie ? Je n'ai jamais su. Finalement, à bout de forces, tremblant, mais l'âme très paisible, je repris connaissance.

- *Et ton ami l'abbé Audinet ! ? !*

- Grâce à Dieu, oui ! Il était sain et sauf. Toute cette histoire a été pour moi un événement très marquant. J'ai pu comprendre bien des choses et en particulier voir la mort différemment. Ce que tu peux retenir, c'est qu'il faut toujours garder espoir et penser à ceux que l'on a aimés et qui nous ont quittés.

- En fait, si j'ai bien compris, les prières sont utiles pour protéger ceux qui nous ont quittés !

- Il nous arrive à tous d'être parfois séparés des personnes que l'on aimait bien. Par exemple, quand tu es loin de tes parents, il t'arrive de penser à eux. Dans ces moments-là, on pense les uns aux autres et cela fait du bien. Ces sentiments profonds nous réconfortent. Et bien, les chrétiens croient à la promesse de Jésus qui nous a dit qu'après la mort, même si on ne se voit plus, ces liens profonds demeurent. Pour moi, les prières sont des moments privilégiés où je pense à ceux qui nous ont quittés. Souvent je me rappelle les prénoms de mes parents, de mes amis, de mes compagnons d'Emmaüs. Même après la mort, cette grande famille est toujours présente. Bien sûr la séparation, au moment de la mort, est dure, et c'est pour cela que l'on pleure. Mais pour celui qui nous quitte, c'est un immense bonheur qui s'annonce. Il va à la rencontre de Dieu. Il va dans la paix de Dieu. C'est une nouvelle vie qui commence.

- Comment est-ce possible ?

- Parce que dans la Lumière de Dieu, la personne qui nous a quittés va vivre autrement. Son esprit, si tu préféres son âme qui est le plus profond de l'être, devient autre, comme son corps. Esprit-Âme-Corps ne forment qu'un. Après la mort, chaque être humain entre dans une vie nouvelle libérée de toutes les souffrances comme la maladie, la méchanceté ou encore la peur. Ainsi, ceux qui meurent rejoignent tous ceux qui ont vécu avant eux et forment une grande famille. Les chrétiens se rappellent les promesses de Jésus : « Venez à moi vous qui peinez, je vous apporterai le repos. Celui qui a confiance en moi, celui qui donnera un verre d'eau à l'un de ces petits qui sont ses frères, aura la vie éternelle. »

- *C'est donc ça la mort ?*

- Tout au long de ma vie, j'ai rencontré des hommes très puissants et d'autres très pauvres. Parfois, j'ai constaté que certains très riches, très connus, souffraient d'une grande solitude. Ils étaient comme morts. Tu vois, c'est aussi une sorte de mort.

- *Pourquoi dis-tu qu'ils étaient comme « morts » ?*

- Parce qu'ils n'étaient concentrés que sur eux-mêmes ! Ils avaient peur de tout, n'avaient jamais assez, ne savaient ni faire plaisir, ni se priver pour les autres. C'est pour cela que j'ai envie de dire qu'ils étaient morts, que leur vie ne servait pas à grand-chose. C'est peut-être choquant, brutal comme image, mais c'est ma vision des choses. En revanche, j'ai connu, et je connais encore, beaucoup de personnes qui vivent très simplement, sans faire de bruit, dont le principal combat est de faire le bonheur des autres. Et bien pour moi, ces gens-là sont vraiment des vivants. C'est important de se rendre compte que lorsqu'on aime la vie pour le bonheur qu'elle apporte autour de soi, on ressent une force qui nous dit : « Même si ton corps meurt, ce qu'il y a de meilleur en toi ne disparaîtra pas. » Je pense souvent à la chance que certains ont d'apprendre à aimer, à donner, à partager. Quel atout essentiel pour vivre ! Car à trop vouloir penser à soi, on en oublie les autres. Et peux-tu me dire ce que nous serions sans les autres ? Pas grand-chose. Il faut vivre les uns pour les autres et non pas les uns contre les autres. Combien de fois ai-je entendu : « Moi, moi, moi… » ou bien encore « Les autres je m'en fous ! » Soyons enfin raisonnables, car il n'est jamais trop tard pour bien agir. Ouvrons, si tu le veux bien, une parenthèse. Ce sont nos expériences, celles partagées avec ceux que nous rencontrons au cours de notre vie, qui forment notre esprit. Et c'est pour cela que je suis tenté d'évoquer avec toi un autre souvenir, ou pour être plus précis une découverte ! J'avais 7 ans. Avec ma famille, nous habitions une villa sur la colline de la Croix-Rousse. À la fin de la Première Guerre mondiale, nous l'avons quittée pour aller vivre en plein centre de la presqu'île de Lyon. Notre maison était située rue Sala, réputée à l'époque pour être celle des vieilles familles bourgeoises les plus traditionnalistes. Un jeudi, jour où nous n'avons pas école, nous avions été invités à une fête chez des cousins. Ces cousins avaient des conditions de vie très privilégiées. Ils possédaient toujours les derniers jouets à la mode et les choses les plus mirobolantes. Or ce jour-là, j'avais fait une bêtise. Autant que je m'en rappelle, juste avant le déjeuner, j'avais chipé de la confiture posée sur la table. Quand on s'en est aperçu, j'ai menti en laissant soupçonner un de mes frères.

- *C'était pas très sympa pour ton frère !*

- En effet, c'était vraiment très mal de ma part. Finalement, on a su que c'était moi. Pour me punir, mes parents m'ont interdit d'aller à cette fête. Je suis donc resté à la maison. Le soir, mes frères et mes sœurs sont revenus tout exubérants en courant vers moi pour me raconter les jeux merveilleux de leur après-midi. En particulier, je me souviens très bien qu'ils m'ont parlé de pigeons en carton sur lesquels on tirait des flèches de caoutchouc. Et moi, petit bonhomme, je me vois encore, comme si c'était hier, imperturbable, disant à l'un de mes frères : « Qu'est-ce que tu veux que ça me fasse puisque je n'y étais pas. » Sur ce, très fier de moi, j'ai tourné les talons ! Une demi-heure plus tard, mon père m'a appelé dans son bureau. Il ne m'a pas grondé, mais semblait malheureux : « Henri, j'ai entendu ce que tu as répondu à ton frère. Comment est-ce possible que tu ne sentes pas comme c'est affreux ? Alors, tu n'es pas heureux quand les autres sont heureux ? Il n'y a donc que toi qui comptes !... »

- Excuse-moi, tu dis que ton père t'a appelé « Henri », mais ton prénom c'est « Pierre » ?

- Je vois que tu es très observateur ! En fait, pendant la Seconde Guerre mondiale, comme beaucoup de résistants, j'ai pris une fausse identité pour me protéger des Allemands qui à l'époque occupaient la France. J'ai donc utilisé comme pseudonyme « abbé Pierre » et, finalement, j'ai gardé cette identité. Pour en revenir à mon histoire, la souffrance de mon père reste pour moi un moment inoubliable. Il ne m'a pas réprimandé, mais m'a livré quelque chose de plus profond. Sa détresse était causée par mon indifférence et mon égoïsme. J'étais effondré. C'est alors que cette espèce de tentation, de suffisance, de satisfaction personnelle, où je m'étais pourtant fort complu, s'est évanouie. Concrètement, c'était le face-à-face, soudain, avec une autre dimension de mon être, avec un autre ordre... Le souvenir de cet incident reste si présent en ma mémoire que je suis convaincu qu'il a contribué à mon évolution.

- *J'ai compris le message. Pour en revenir à la mort, est-ce qu'on souffre ?*

- Tu as sûrement déjà dû te faire mal. Tu connais donc cette expérience qui n'est pas très agréable. Heureusement, bien souvent il ne s'agit que d'une douleur passagère. Mais voilà, ce n'est pas toujours le cas. Certaines douleurs sont plus difficiles que d'autres à supporter, à apaiser. Par exemple, le petit enfant qui ne voit pas sa maman a le sentiment d'être perdu, il a mal et le manifeste par des pleurs. Le même petit enfant, qui tombe et se blesse, fait déjà l'expérience de la douleur physique. C'est encore vrai pour l'enfant hospitalisé qui souffre. Mais c'est encore plus marquant pour les enfants qui ne peuvent pas manger à leur faim, qui ne sont pas logés correctement, qui sont victimes de violences ou qui subissent l'horreur des guerres. Tous vivent l'expérience de la douleur selon leurs propres histoires. Et, vois-tu, toutes ces douleurs, grandes ou petites, sont un peu comme des « petites morts » qui détruisent et tuent à chaque fois quelque chose en nous. On se doute bien qu'il existe des morts plus douloureuses que d'autres. Mais il faut toujours essayer de tirer parti des expériences que nous vivons. Celle de la douleur, quelle que soit sa forme, nous accompagne tout au long de notre vie et ainsi peu à peu nous apprend à mieux l'apprivoiser, à mieux la supporter. C'est une façon d'avoir moins mal. Mais je veux te dire autre chose. Tu sais, quand on a passé sa vie à essayer d'aimer, à essayer de faire plaisir, à essayer de rendre les autres un peu plus heureux, à ce moment-là, la mort n'apparaît plus vraiment comme une douleur. Tant d'amour donné, tant d'amour reçu permettent de panser les maux les plus terribles.

- *La première fois que tu as vu un mort, qu'est-ce que ça t'as fait ?*

- Cela remonte à loin, je devais avoir ton âge, entre 10 et 11 ans. Je vais te faire une confidence. Aujourd'hui encore, dans la famille, cela fait l'objet d'un sujet de plaisanterie. Tu vas comprendre pourquoi. La première fois que j'ai vu un mort, ce fut mon grand-père. À lui seul, il était toute une époque. Heureux patron d'une fabrique de mousseline à Tarare, il passait la plus grande partie de son temps à raconter des histoires de chasse à son associé ! Pour tout te dire, je n'ai jamais su s'ils étaient de bons patrons… En tout cas, je l'aimais bien ce grand-père. Le médecin lui avait défendu de fumer et ma grand-mère y veillait jalousement. Pour échapper à sa surveillance, il m'entraînait dans ses escapades, en annonçant à la cantonade : « Je vais faire un tour place Bellecour. » Et hop ! Aussitôt dehors, il entrait m'acheter un gâteau dans une pâtisserie pour se glisser discrètement dans le bureau de tabac voisin d'où il ressortait avec un bon cigare. Complice, il me disait en souriant : « Tu ne diras rien à grand-mère. » Et voilà qu'un jour il meurt. Mes parents, inquiets de ma réaction, m'ont annoncé l'événement tout en douceur : « Grand-père est parti chez le Bon Dieu. » Bien. Puis on me dit de venir l'embrasser ! Là, je n'ai pas compris : « S'il est ici, il n'est pas chez le Bon Dieu... alors pourquoi vous faites tous cette tête ? Il était gentil grand-père et il sera sûrement bien reçu au ciel. Comme ça, il n'aura plus mal aux dents ! » Comme tu peux le voir, je ne fus pas vraiment perturbé par cette première rencontre avec la mort. Mais je crois bien que c'est de ce moment-là que date un désir qui ne m'a plus jamais quitté, le désir de ne pas tarder à aller le retrouver. La mort n'était plus pour moi une angoisse.

- Même si toi tu n'as plus peur de la mort, moi, je trouve ça dur de voir mourir les gens qu'on aime. C'est pas toujours juste. Est-ce que tu crois qu'on peut empêcher la mort de quelqu'un ?

- Moi aussi, certaines morts me révoltèrent et au nom de mon amour des hommes et de celui de Dieu-Amour, quand l'inacceptable arrive, je continue à mettre toutes les forces qui me restent pour crier : « Je ne peux pas être d'accord ! » Tu sais, depuis toujours je me bats pour les plus défavorisés, pour ceux qui sont exclus de la société, ceux qui n'ont que la rue pour domicile. Une triste affaire me revient en mémoire, celle des sans-logis de l'hiver 1954. Dans la nuit du 3 janvier 1954, au Sénat, les discussions se succédaient pour le vote d'un budget prévu pour des habitations bon marché. L'hiver était de plus en plus terrible et il fallait à tout prix trouver une solution pour loger ceux qui en avaient besoin. Nous demandions des logements d'urgence. La nuit était avancée et les sénateurs fatigués. Chacun d'entre eux ne pensait qu'à regagner son domicile et notre projet fut repoussé à plus tard. Pendant ce temps, des hommes, des femmes et des enfants dormaient dehors où la température descendait à -10°... C'est au petit matin qu'on m'apprit la terrible nouvelle.

Dans la même nuit, tandis que le Sénat parlementait, un enfant était mort de froid. C'est dans ces moments-là que la mort est inacceptable et que j'ai envie de crier. Personne n'a rien fait pour empêcher la mort de cet enfant. La France était en deuil, un deuil national, mais pour moi c'était plus une honte nationale. C'est après ce drame, grâce à la mobilisation des médias, des Français et même des politiques, qu'un secours fut organisé et nos cités d'urgence réalisées. Cet immense soutien national marquait le début d'une longue histoire, d'un long combat, celui d'Emmaüs. Un espoir venait de naître.

- Ce petit enfant qui est monté au ciel, crois-tu qu'il a commencé une nouvelle vie ?

- Oui, mais il ne l'a pas recommencée, il l'a juste poursuivie. Depuis la mort de mon grand-père et celle de ceux que j'ai accompagnés, je suis convaincu que tous reposent en paix, comme moi je le ferai plus tard quand mon heure sera venue. Jamais je n'ai éprouvé un sentiment d'anéantissement vis-à-vis de la mort. J'ai eu le privilège, rare, d'être seul auprès de mon père, de ma mère, et plus tard de mademoiselle Coutaz, dans leurs derniers moments, leur tenant la main, sentant leur pouls jusqu'à l'ultime battement de leur cœur. Ni pour mon père, ni pour ma mère, ni pour mademoiselle Coutaz, je n'ai versé une larme. Ils sont morts, oui, mais « ils sont ailleurs ». L'absence de ceux que l'on a aimés est douloureuse et le vivre comme un adieu définitif ne fait qu'accentuer sa peine. Je préfére parler d'un « au revoir », comme celui qu'on fait à un ami qui se prépare à faire un long voyage. Peut-être parce que, entré à 19 ans au couvent, j'ai vécu pendant sept ans dans l'absence des miens. Et, je te l'avoue, la Providence m'a épargné les morts intimes, les morts atroces. Pourtant j'ai vu mourir beaucoup de gens, j'ai assisté des blessés, accompagné des mourants, mais je n'ai pas connu l'horreur vécue par les prisonniers dans les camps, ni l'enfer des combattants sous la mitraille. Les morts dont j'ai été témoin m'ont toujours paru être un moment d'accomplissement, celui où Dieu cueillait sa fleur. C'est exactement ce que j'ai ressenti pour mademoiselle Coutaz. Nous travaillions ensemble depuis trente-six ans quand elle a eu son attaque cérébrale à l'âge de 80 ans. Dès lors elle a vécu immobile, mais pas inactive, elle ne savait pas ne rien faire ! Pendant trois années, elle a classé méthodiquement des timbres que j'achetais par sac de cinquante kilos. Je passais mes soirées auprès d'elle à faire des petits paquets de cinquante ou cent timbres que j'entourais avec du fil. Ou plus exactement, j'essayais, car une fois sur deux je ratais mon coup ! En vivant à ses côtés, j'ai vécu tout proche de la mort imminente. Jamais, je n'ai éprouvé d'angoisse, car je savais que sa pensée, en cela, était semblable à la mienne.

- *Toutes ces expériences, ça a dû changer ta vie, non ?*

- C'est vrai. Cela l'a enrichie. La mort est comme une vieille amie que j'ai appris à connaître pendant des années. Souvent je pense à elle. Mon esprit est plus ouvert et je comprends même que certains puissent croire à la réincarnation…

- *C'est quoi la réincarnation ?*

- Pour certaines personnes, c'est croire en la possibilité d'avoir plusieurs vies. Notre âme poursuivrait son chemin en prenant place dans un autre corps, dans un objet, dans un arbre ou même dans un animal. Ça ne me paraît pas scandaleux, même si ça me semble superflu, ne serait-ce qu'en vertu d'un vieux principe de philosophie qui dit : « Il ne faut pas multiplier les réalités sans nécessité… »

- *Multiplier les quoi ?*

- Je vais tenter d'être plus simple. Pourquoi vouloir se créer plusieurs vies, dans quel but ? Apprenons déjà à honorer celle qui nous est donnée. Et si je regarde le monde qui nous entoure, nous avons encore beaucoup à apprendre avant de prétendre à commencer une autre vie. Je me souviens d'une journaliste qui m'interrogeait : « Et si vous aviez à nouveau 40 ans ? » J'ai ri de bon cœur et je lui ai répondu : « Madame, une fois, ça suffit ! »

- *Alors tu ne crois pas en la réincarnation ?*

- Je n'y vois vraiment aucune nécessité et je n'ai aucun désir de « remettre ça » une fois de plus. J'ai eu une vie largement remplie, et je crois que je mérite bien un peu de repos. Pour revenir à ta question, effectivement je n'ai pas peur de la mort. Nombreux sont ceux qui vivent la mort comme une séparation. C'est vrai pour ceux qui restent. Mais pour celui qui vient de mourir, c'est un grand voyage qui s'annonce. Il nous quitte pour découvrir la plus fantastique rencontre que l'on puisse imaginer, celle de Dieu-Amour. Je ne sais pas comment, mais je suis convaincu que cet être qui nous quitte va retrouver les quelques quatre-vingt-dix milliards d'êtres humains qui ont vécu avant nous. Depuis que je sais qu'on a identifié des milliards de galaxies avec chacune plus de dix milliards de soleils, l'immensité ne me pose aucun problème ! C'est en toute sérénité que j'attends la mort.

- Et est-ce que la rencontre avec Dieu peut mal se passer ?

- C'est une bonne question. Pour accompagner ceux qui se préparaient à mourir, j'avais pour habitude de réciter un « Je vous salue Marie ».

Mais je remplaçais les derniers mots de cette prière, « maintenant et à l'heure de notre mort », par « maintenant et à l'heure de notre rencontre ». Je me suis ouvert de cette confidence à une journaliste et quelques jours plus tard j'ai reçu une lettre d'un vieux prêtre très en colère. Il m'accusait d'oser parler de la rencontre avec Dieu-Amour en concluant par ces mots : « Comme si vous étiez sûr que ça se passe bien. » J'aurais dû lui répondre : « Que ça se passe bien ou pas, c'est la rencontre, de toute façon, qui est le plus important ! »

- *Et l'enfer, dans tout ça ?*

- Je ne sais que penser de l'impensable enfer. Il n'y a jamais eu de déclaration de l'Église à ce sujet, même à propos de Judas qui, comme tu le sais peut-être, a été damné pour avoir trahi Jésus. Pour moi, être damné, être condamné, ce n'est pas subir la sanction d'un jugement. Mais, c'est, sortant de l'ombre, pouvoir se voir tel qu'on est fait. « Tu t'es voulu suffisant, alors suffis-toi à toi-même à jamais. »

- Si je comprends bien, il suffit d'être sage tout au long de sa vie pour que la rencontre avec Dieu se passe bien !

- Vois-tu, la mort c'est la rencontre prodigieuse, éblouissante, de l'Infini, de l'Éternel et de l'Amour. Mais tout amour humain est mêlé à la souffrance. Nous sommes tous, un jour où l'autre, confrontés à la douleur. C'est pour cette raison qu'on ne peut jamais se donner en totale plénitude. Nous gardons toujours une certaine réserve, comme un instinct de protection. C'est impossible de se faire connaître complètement aux autres, comme il est impossible de connaître tout des autres. Il reste toujours de l'inexprimable, une petite partie indicible qu'on ne peut atteindre. Mais voilà, avec la mort, celui qui nous quitte va pouvoir découvrir et accéder à nos plus secrètes pensées.

Nous serons ainsi en parfaite communion. C'est Dieu-Amour, pour qui nous n'avons aucun secret, qui va lui ouvrir les portes de notre âme. N'oublions pas que nous sommes tous les créations de Dieu-Amour ! Alors tu comprends pourquoi il me tarde d'aller rejoindre le Créateur, Dieu le Père. Au risque de me répéter, même si j'ai des remords et des regrets, je n'ai pas peur de mourir. Lors de mon naufrage dans le Rio de la Plata, dès la première seconde où j'ai été dans le fleuve, je me suis abandonné avec une sérénité extraordinaire, l'âme remplie par une pensée unique. Quand on a mis sa main dans la main des pauvres, on trouve alors la main de Dieu dans son autre main. Depuis ce jour, je sais que la mort est un rendez-vous avec un vieil ami.

- ***Est-ce qu'on peut mourir par amour ?***

- Oui, je crois. J'avais un ami, « To », qui s'était engagé pendant la Seconde Guerre mondiale. Il a risqué sa vie pour son pays. Pendant l'Occupation, il a été dénoncé, arrêté, et assassiné. Il est mort par amour de son pays. Il aurait pu rester tranquillement chez lui, mais au fond de son cœur, il avait entendu l'appel de Jésus. « Il n'y a pas de plus grande preuve d'amour que de donner sa vie pour ceux qu'on aime. »

- Mais en fait, je voulais parler du suicide...

- Le suicide est un grave sujet. À ton âge, tu sais qu'un copain, un ami, c'est très important. L'amitié nous fait partager de grands moments de bonheur, mais aussi d'immenses peines. L'important est de partager, de s'écouter, de se soutenir. J'ai connu une période difficile dans ma vie où je n'avais pas le moral. Un de mes amis m'avait envoyé ces quelques lignes pour me soutenir : « Chacun fait ce qu'il veut de la vie. Certains la traînent dans la boue. En quoi salissent-ils la nôtre ? Ils nous montrent comment on peut la rendre ignoble. Profitons de la leçon et faisons-la splendide ! » Son amitié, sa fraternité m'ont ouvert les yeux et sauvé du désespoir. Quand tout a été trop difficile, trop de souffrance, trop de douleurs, on comprend alors que certaines personnes soient découragées. Si quelques-uns vont jusqu'au suicide, ce n'est pas parce qu'ils manquent de courage, mais c'est qu'ils n'en peuvent plus. Le courage n'a rien à voir ici. C'est l'amour qui fait défaut.

- J'aurais jamais imaginé qu'en parlant de la mort, on parlerait de tout ça. Souvent, les adultes pensent qu'on est trop petit pour en parler !

- Ce n'est pas facile de trouver les mots justes. Parler de la mort, c'est se retrouver face à sa propre angoisse de la mort. C'est plus facile pour moi de t'en parler, car je suis très vieux et je ne suis plus inquiet face à elle. Ce que nous ressentons face à la mort, c'est un peu comme ce petit être qui quitte le ventre réconfortant de sa maman pour entrer dans un monde inconnu. C'est un mélange d'angoisse et de curiosité. Nous sommes effrayés de ce monde inconnu qui nous attend. C'est pour cela que Jésus est venu nous dire de la part de Dieu le Père : « Je vous prépare une place pour qu'après votre mort vous soyez vivant autrement. »

- Si la mort est comme une autre vie, alors ça veut dire que nous sommes immortels ?

- Je ne peux pas te décrire comment est la vie après la mort, mais j'ai confiance en la promesse de Jésus. J'ai la conviction que nous connaîtrons après la mort une autre vie protégée par la lumière de Dieu-Amour. C'est peut-être ça l'immortalité, puisque dans la lumière de Dieu-Amour, nous renaissons.

- Et si on ne se sent pas prêt pour aller rejoindre Dieu, que peut-on faire pour retarder la mort ?

- De même qu'il n'y a pas de mode d'emploi

pour apprendre à vivre, il n'en existe pas pour retarder la mort. Seul Dieu a ce pouvoir. Mais à défaut de la retarder, on peut parfois l'éviter. En particulier lors des guerres, des famines, des épidémies, etc. Je répète souvent une petite phrase de trois mots : « Et les autres ? » Il me semble que le jour où chacun arrivera à penser un peu plus aux autres, bien des morts diminueront. Par exemple, quand j'ai pris le risque de cacher des Juifs pendant l'Occupation allemande, j'ai évité la mort de ces pauvres gens. Lorsqu'aujourd'hui encore des associations organisent des collectes pour soigner des enfants malades, ou que des adultes partent s'occuper des déshérités dans le monde, à ce moment-là la mort recule.

- *Je voudrais savoir pourquoi certaines personnes ont un droit de vie et de mort sur d'autres ?*

- J'ai toujours agi contre la peine de mort.

Dieu-Amour, source de vie, est le seul à pouvoir nous rappeler auprès de lui. De quel droit pourrions-nous décider de la mort de quelqu'un ? Durant toutes ces années, bien des compagnons d'Emmaüs sont morts. Quand je repense à certains d'entre eux, je sais que leurs histoires n'étaient pas ce que beaucoup de gens croyaient. Mais je n'avais pas à m'immiscer dans leur vie et encore moins à les juger. Chacun porte en soi le secret de sa vie. Chacun a le devoir quand il a fait une faute d'essayer de la réparer. Et chacun doit avoir une chance de poursuivre sa vie autrement. Si un jour tu as l'occasion de visiter une communauté Emmaüs, tu verras la phrase suivante : « Toute question posée sur le passé de quelqu'un doit être considérée comme une faute grave et réparée immédiatement. » Chacun de nous doit veiller à respecter l'autre. Ne recommençons pas les erreurs de notre Histoire. Il n'est pas si loin le temps où certaines personnes s'étaient reconnues un droit de vie et de mort sur les gens. De pauvres esclaves, écrasés par de puissants seigneurs. Aujourd'hui encore, je vois des hommes et des femmes traités comme des bêtes. Toute ma vie, j'ai dû intervenir pour lutter contre cette nouvelle forme d'esclavagisme des temps modernes. Je suis allé devant des chefs d'État pour crier ma révolte et demander la libération de personnes arrêtées injustement. N'oublions pas les mots de Jésus, prononcés sur la croix à propos de ses bourreaux : « Père, pardonne-leur, ils ne savent pas ce qu'ils font. »

- *Que veux-tu dire par « esclavagisme des temps modernes » ?*

- À la veille de l'an 2000, où les richesses ne cessent de se développer, je constate avec tristesse qu'il y a de plus en plus de pauvres. Les inégalités n'ont jamais été aussi présentes. Oui, je crois qu'une nouvelle forme d'esclavagisme est en train de naître. Le monde n'est plus humanité, mais industrie. Tu sais, lors de la création de la première communauté d'Emmaüs, on avait peu pour vivre. L'argent gagné suffisait à peine à construire des logements. La misère était telle que nous n'avions plus rien à manger. Faute de ressources, j'ai dû mendier dans les rues de Paris. Cette expérience n'a pas duré très longtemps mais assez pour ressentir la honte et le désespoir. Dans nos pays dits industrialisés, c'est inadmissible de laisser ainsi des hommes à la dérive. Tous les jours, dans le monde, des enfants et des adultes meurent dans la misère. C'est insupportable, il faut agir pour dénoncer l'inacceptable. Le grand mérite de la télévision, c'est de te permettre, de nous permettre, de savoir ce qui se passe dans le monde. La solidarité est notre seul remède pour soigner tous ces maux. Sans leur rôle fondamental, nous ne pourrions agir. Grâce aux associations, chaque jour qui passe, des hommes, des femmes et des enfants sont sauvés. Plus que jamais, je t'invite à participer avec d'autres à ces nombreuses associations pour soulager ces souffrances. Voilà pourquoi je parle de l'esclavagisme des temps modernes !

- Toutes ces souffrances, ces guerres, sont-elles des punitions ?

- Je t'ai dit que je pensais que la vie était un cadeau merveilleux, malgré toutes les souffrances. En aucun cas je pense qu'il s'agit là de punitions. Seul l'être humain est responsable de ses actes, de ses pensées. L'homme est capable du pire comme du meilleur. C'est lui seul qui inflige la souffrance autour de lui. Tu sais, la vie n'est que le reflet des couleurs qu'on lui donne. Il appartient à l'homme de savoir cultiver sa vie. L'essentiel est de mettre beaucoup d'amour dans tout ce que l'on fait. Même à ton âge, tu as le choix de bien ou de mal agir. Etre libre, c'est avant tout savoir respecter les autres. Comment être heureux en faisant le malheur autour de soi ? Chacun de nous est libre, non pas de détruire, mais d'aimer son prochain. Tu comprends ? La mort et toutes les souffrances que nous connaissons ne doivent pas être vécues comme des punitions infligées par Dieu-Amour. Même si, souvent, il arrive que quelqu'un dise : « Dieu t'a puni. » C'est faux. Dieu n'est pas juge, il est notre bienfaiteur. Jésus nous a été donné par Dieu le Père pour que tout au long de notre vie, on soit sûr de sa bonté infinie.

- Si la vie est si merveilleuse, pourquoi, alors, existe-t-il des gens qui se suicident ?

- Ce qui se passe dans la vie de chacun, nous ne le savons jamais vraiment. C'est un secret, un mystère. Comme pour Georges, mon premier compagnon d'Emmaüs, qui avait tenté de se suicider. Lors d'un voyage en Suède, des étudiants m'avaient invité à les rejoindre pour débattre avec eux du thème du suicide. Je leur ai dit ceci : « Vos amis sont morts parce qu'ils n'avaient plus d'espoir. Ils avaient de quoi vivre, mais ils n'avaient plus de raisons de vivre. Pour ceux qui doutent de la valeur de la vie, je vous propose ceci. Portez-vous volontaires, partez un an dans un pays où les enfants meurent de faim, où les adultes vivent dans la plus grande misère et mettez-vous à leur service. Croyez-moi, vous retrouverez l'espoir. » On a appelé ces groupes de jeunes « Les hirondelles » comme les oiseaux qui traversent les mers.

- Est-ce que la mort se vit partout pareil dans le monde ?

- Nous avons la chance d'avoir, aujourd'hui, de nombreux moyens de transport pour découvrir d'autres pays et mieux connaître les différentes civilisations qui peuplent notre planète. Des choses étonnantes ont été découvertes. Par exemple, en Afrique, quand quelqu'un meurt, c'est l'occasion de grands moments de rencontres et même de fêtes. Pour eux, la mort n'est pas vécue comme une fatalité. Alors, si on est pauvre, ce qui est malheureusement souvent le cas dans ces pays, on enterre le mort rapidement, le temps pour la famille de rassembler quelques petites économies. Après plusieurs mois, on réunit tout le monde pour célébrer le grand voyage de celui qui est parti rejoindre Dieu. C'est une vraie fête qui s'organise autour d'un modeste repas, ponctué de chants et de danses.

- Y a-t-il plus de morts dans les pays pauvres, comme par exemple en Afrique ?

- C'est une évidence, et pour cause ! Moins d'hôpitaux, moins de structures, moins d'eau potable, moins de nourriture font que de nombreux enfants meurent très jeunes. Dans ces pays abandonnés des puissances industrielles, le drame est quotidien. Quand un cyclone ou un tremblement de terre surviennent, les dégâts et donc les morts sont très importants. C'est pourquoi je ne peux concevoir la vie sans partage avec ceux qui souffrent. J'ai toujours voulu qu'Emmaüs soit « international » pour que les plus défavorisés puissent vivre mieux. Pourquoi, nous, dans nos pays « confortables » on peut aujourd'hui vivre jusqu'à presque 100 ans et pas eux ? Toujours ce même problème du partage des biens ! L'important n'est pas de vivre très vieux, mais de vivre bien.

- Comment peut-on faire pour accepter la mort de ceux qu'on aime ?

- Tout petit, lorsqu'on est séparé, même quelques heures, de ses parents, on pleure pour exprimer sa peur. Tu as déjà vécu ce profond sentiment de tristesse. Alors, quand ceux qu'on aime partent pour ce long voyage qu'est la mort, c'est normal d'avoir du chagrin. Il faut laisser sortir sa souffrance, sa peine. Chacun l'extériorise à sa manière. En France, le deuil, qui est l'expression de la douleur que l'on éprouve à la mort de quelqu'un, s'exprime entre autre par le port de vêtements noirs. D'où l'expression populaire « porter le deuil ». C'est une façon d'évacuer sa tristesse. Dans nos pays occidentaux, la couleur du deuil est noire, grise, mauve ou violette. En revanche, dans les pays orientaux, elle est souvent plus claire, et la couleur du deuil est blanche. À plusieurs occasions, j'ai reçu des hommes et des femmes qui étaient désespérés parce que quelqu'un de leur famille était mort. Quand je comprenais que c'était possible, je leur proposais de se mettre au service des autres pour essayer de soulager leur peine. Car vois-tu, cette tristesse n'est que l'expression d'un amour devenu orphelin. Tenter de l'offrir à ceux qui restent et qui en ont besoin, c'est peut-être le moyen de poursuivre sa vie. Je me souviens très bien de cet homme, proche de la retraite, venu me trouver parce que sa femme avait été écrasée par une voiture. Il souffrait terriblement de cette mort accidentelle et stupide. Progressivement, il a ouvert son cœur aux autres et est devenu un des grands responsables du mouvement Emmaüs. Quelques années plus tard il s'est remarié et sa nouvelle épouse a pris aussi sa place pour s'occuper des plus faibles.

- *Pourquoi on enterre les gens ?*

- Cette vie, que Dieu-Amour nous a offerte, nous donne la possibilité de rencontrer beaucoup de gens et de faire mille choses avec eux. Au cours de la vie, des années qui passent, les réalisations sont riches d'expériences et forcément des liens, des souvenirs, se créent. Même toi qui est jeune, tu as sûrement déjà beaucoup de souvenirs d'école, de jeux, de fêtes. Alors, pendant toute une vie, imagine… que de souvenirs ! Il ne faut pas croire que, quand la mort arrive, les souvenirs disparaissent. Bien au contraire. Quand vient la mort, les liens profonds d'amour continuent à exister. Pour cultiver cet amour, en marque de respect pour ceux qui nous ont quittés, on a pensé qu'il serait bien d'envisager un espace de méditation pour communier. Voilà pourquoi on a créé des cimetières qui sont des lieux de silence et de sérénité. On peut aussi y déposer les cendres de ceux qui ont souhaité que leurs corps soient brûlés avant de reposer en terre. Comme dit notre Seigneur, nous sommes nés poussière et nous redeviendrons poussière. L'essentiel, c'est de respecter les défunts, c'est-à-dire les morts, car leur repos ne doit pas être troublé. Mais avant d'aller au cimetière, que devons-nous faire ?

- Aller à l'église !

- Oui, pour prier. Pour les croyants, la messe

est une prière pour confier à Dieu-Amour celui ou celle qui nous a quittés. La prière est un temps où ceux qui sont là se rappellent que tout ne s'arrête pas au moment de la disparition et qu'il y a une vie après la mort. On appelle cela la foi en la résurrection. C'est la certitude que Dieu-Amour accueille après la mort tous ceux et celles qui ont essayé d'aimer, de donner, de pardonner.

- Et est-ce qu'on peut enterrer aussi les animaux ?

- Bien sûr, les animaux sont des êtres vivants ! Souvent ils ont vécu proches des humains et leur ont apporté beaucoup. C'est pourquoi certaines personnes souhaitent les enterrer pour conserver les liens qu'ils ont créés ensemble.

- Alors une fois mort, est-ce qu'on voit enfin Dieu ?

- Dans la vie tout n'est pas blanc ou noir. Il existe certaines subtilités. Par exemple, on peut très bien écouter quelqu'un sans vraiment entendre ce qu'il nous dit. C'est-à-dire que nous ne prêtons pas assez attention à ses paroles pour comprendre le fond de son message. Et bien, figure-toi qu'on peut très bien regarder une chose sans réellement la voir.

- *Mais pourquoi ?*

- Parce que, souvent, des détails nous échappent ou nos habitudes nous aveuglent ! Tu sais, il existe des personnes qui ont passé toute leur vie dans la même maison, dans le même village, dans la même ville, dans le même pays, sans avoir la chance de pouvoir connaître autre chose. Pour ces gens, le monde se limite à leur univers. Mais grâce aux journaux, à la radio, à la télévision, ils ont pu comprendre que le monde était bien plus grand que ce qu'ils pensaient. C'est un peu pareil pour Dieu. Dieu, personne ne l'a jamais vu, mais Lui a su se faire connaître. À travers les siècles, depuis des millions d'années, de mille manières, les humains ont pu découvrir la présence de cette grande bonté que l'on appelle Dieu. Parmi ces croyants, il y a les chrétiens qui reconnaissent que Jésus est venu nous parler de la vie et de la mort. Bien sûr beaucoup d'autres grandes religions parlent aussi d'une vie après la mort. Pour moi qui suis chrétien, je crois à la promesse de Jésus qui nous dit qu'au moment de notre mort Dieu nous accueille auprès de lui, dans un immense bonheur, pour retrouver ceux que l'on a connus et aimés. Tu te souviens, je t'ai déjà parlé de ma passion à observer le ciel et les étoiles. Et bien, j'ai appris, et j'en suis toujours émerveillé, que notre terre n'était qu'une toute petite partie de l'univers où évoluaient des millions et des millions d'étoiles. N'est-ce pas formidable, tous ces petits points lumineux ! Or ces étoiles, et tout ce qui brille dans le ciel, ne sont qu'un extraordinaire foisonnement de vie. Pour moi, c'est déjà le signe de vie avec Dieu. Dieu-Amour est la vie, il est partout présent autour de nous. Bien souvent, sans le savoir, nous l'avons déjà rencontré. Retiens bien cette parole de Jésus : « Celui qui aime et qui a confiance en moi-même, s'il meurt, vivra. »

- Dis-moi, tout le monde peut-il aller au paradis ?

- Voici comment je vois les choses. Sur la terre il existe des femmes et des hommes qui essaient de penser aux autres. Mais il en existe aussi qui ne pensent qu'à eux. Tu dois comprendre que se sont nos actes durant toute notre vie qui déterminent notre place au côté de Dieu-Amour. Le paradis ou l'enfer ne sont rien d'autre que le prolongement de nos actes sur terre.

- Alors que faut-il faire pour aller au paradis ?

- Se servir de sa liberté pour aimer et pour

rendre heureux ceux qui en ont le plus besoin. Je voudrais insister sur un point, si tu le veux bien. Comme tu l'as si justement souligné tout à l'heure, ce n'est jamais facile d'aimer tout le monde tout le temps. Mais essayer, c'est déjà marcher vers le paradis. J'ai un très vieil ami qui habite une des régions les plus pauvres du Brésil. Il vient d'avoir 90 ans. Il s'appelle Don Helder Camara. Souvent, il répète : « Le saint, ce n'est pas celui qui ne fait pas de péché, c'est celui qui pèche un million de fois et qui repart un million de fois avec joie et humilité. »

- Est-ce que c'est vrai que quand on meurt notre âme quitte notre corps ?

- Tout au long de notre vie et surtout à ton âge, nous évoluons sans cesse. N'as-tu jamais entendu un adulte s'exclamer : « Mais je ne te reconnais pas, qu'est-ce que tu as changé ! » Et pourtant, toi, tu es toujours le même, avec le même prénom et le même nom. Lorsque nous quittons notre vie pour rejoindre Dieu-Amour, c'est un peu la même chose. Physiquement nous avons peut-être changé, mais au fond de nous, nous restons toujours les mêmes. Pour Dieu-Amour, nous sommes uniques et irremplaçables. Toutefois, dans certaines religions, et même chez nous en Europe, quelques-uns croient qu'après une première vie, on peut revivre autrement, dans une autre personne, ou sous une autre forme. Tu te souviens, nous avons déjà évoqué ce thème, la réincarnation. Je n'y crois pas, mais je respecte profondément ceux qui y croient. L'essentiel, c'est que Dieu-Amour est une grande puissance qui seule peut continuer à nous faire vivre autrement.

- Souvent, quand quelqu'un meurt, on dit qu'il est monté au ciel, pourquoi ?

- Pendant longtemps on a expliqué qu'au

moment de la mort, notre corps était mis en terre et notre âme, si tu préféres notre esprit, allait au ciel. C'est une belle métaphore. Nous n'aurons jamais fini de trouver les mots qu'il convient pour parler de ce qui se passe au moment de la mort. C'est vrai, quand quelqu'un meurt, on descend son corps dans la tombe, puis on dit qu'il est monté au ciel. Qu'est-ce que cela signifie ? Que les mots ont plusieurs sens. Si tu préfères, c'est une image pour illustrer notre voyage de la vie terrestre vers Dieu-Amour.

- *Quand on est monté au ciel est-ce qu'on peut voir les autres sur terre ?*

- Toute ma vie j'ai vu avec mes yeux, avec mes mains, mes oreilles, et mon cœur. Cela peut te sembler drôle de voir avec ses mains ou ses oreilles, mais ici il est question d'émotion, de sensibilité et d'amour. Et je suis persuadé qu'on ne peut pas vivre les uns sans les autres.

Il existe un beau mot pour symboliser cette force qui s'appelle « la communion » ce qui veut dire « ensemble ». C'est pourquoi je crois que ceux qui sont au ciel près de Dieu-Amour sont en lien constant avec nous. Tous, nous formons un ensemble. Du reste, certains d'entre eux sont appellés des saints. As-tu déjà vu des statuts, des photos, des images de saints ? Pour moi ils ont une grande place dans ma vie. Quand je prie, je mets leurs images devant moi comme celles de la petite Thérèse de Lisieux, de François d'Assise, ou encore celle de Mlle Coutaz. C'est ma façon de leur parler, de les retrouver et de communier avec eux.

- *En fait, c'est comme si tu communiquais avec les morts. Ça veut dire que les esprits existent ?*

- Pas dans le sens que tu imagines. À l'occasion de mes nombreux voyages à travers le monde, j'ai découvert chez mes amis qu'ils avaient des croyances différentes des nôtres. Je respecte ces femmes et ces hommes qui au contact de la nature reconnaissent la présence des esprits, car ils sont très attentifs à ne pas se laisser écraser par les esprits du mal et font souvent des offrandes pour que les esprits du bien les protègent. Je crois que l'essentiel est d'être attentif à la vie des humains. Pour moi c'est là que je découvre combien la vie de l'homme et la vie de Dieu sont grandes.

- À quoi cela sert de croire en Dieu ?

- J'ai passé toute ma vie à essayer d'aimer les hommes en donnant la priorité aux plus démunis. Dans un livre écrit voici deux ans, j'avais choisi comme titre *Mémoire d'un croyant*, mais je pense aujourd'hui que j'aurais dû l'intituler *Mémoire d'un amour*. Dans ces pages, j'éprouvais le besoin de dire quel était l'essentiel de ma vie. Dire merci pour tout ce qui m'avait été donné, dire merci pour le cadeau unique de connaître Dieu-Amour, dire merci pour Emmaüs. Aujourd'hui, à 87 ans, tu vois, je continue à être habité par le même sentiment. Je pense que chaque être humain est aimé, soutenu, accompagné, espéré par Dieu-Amour. Il faut être convaincu qu'il ne veut que le bien des hommes, mais que ce bonheur dépend de nous. Je comprends parfaitement que ceux qui souffrent, ceux qui sont blessés au plus profond de leur chair ne peuvent croire en cet amour infini. Ce ne sont pas eux les responsables, mais nous les privilégiés, qui avons un toit, un travail, une santé, de l'argent, qui sommes coupables. Nous devons nous poser la question : « Qu'avons-nous fait des dons de Dieu, qu'avons-nous fait pour nos frères oubliés ? » Devant tous les malheurs du monde, j'aurais pu m'interroger sur la bonté de Dieu-Amour, mais pas une fois je n'ai douté. Pensons aux paroles de Jésus :

« Au moment de la mort,
quand tu arriveras chez Dieu,
tu entendras ces paroles…

J'ai eu faim, et tu m'as donné à manger,
J'étais seul, et tu m'as visité,
J'étais nu et tu m'as habillé,

J'ai eu faim, et tu ne m'as pas donné à manger,
J'étais seul, et tu ne m'as pas visité,
J'étais nu et tu ne m'as pas habillé.

Alors tu comprendras ceci :

Ce que tu as fait, ou n'as pas fait aux plus petits des hommes, c'est à MOI que tu l'as fait ou que tu ne l'as pas fait. »

Du même auteur

Fraternité, *Fayard*, 1999

Mémoire d'un croyant, *Fayard*, 1997

Le bal des exclus, *Fayard*, 1996

Dieu merci, *Bayard Editions*, 1995

Absolu, *Seuil,* 1995

Les quatre vérités de l'abbé Pierre,

Hors-Collection, 1995

Une terre et des hommes, *Bayard Editions,* 1994

Amour toujours !, *Seuil*, 1992

Cet ouvrage a été reproduit
et achevé d'imprimer sur Roto-Page
par l'Imprimerie Floch à Mayenne,
pour les Éditions Albin Michel
en septembre 1999.

N° d'édition : 18394. N° d'impression : 46794.
Dépôt légal : octobre 1999.
Imprimé en France